Collection de M. V***

TABLEAUX

ET

DESSINS MODERNES

EXPOSITION

LE VENDREDI 13 AVRIL 1866

VENTE

LE SAMEDI 14 AVRIL 1866

Mᵉ DELBERGUE-CORMONT, Commissaire-Priseur,

M. Francis PETIT, Expert.

RENOU ET MAULDE

IMPRIMEURS DE LA COMPAGNIE DES COMMISSAIRES-PRISEURS

Rue de Rivoli, 144.

CATALOGUE

DE

TABLEAUX & DESSINS

MODERNES

Composant la Collection de M. V***

DONT LA VENTE AURA LIEU

HOTEL DROUOT

SALLE N° 1

LE SAMEDI 14 AVRIL 1866

À DEUX HEURES ET DEMIE PRÉCISES

Mᵉ **DELBERGUE-CORMONT**, Commissaire-Priseur,
rue de Provence, 8,

Assisté de Mᵉ Francis **PETIT**, Expert, rue de Provence, 43,

Chez lesquels se distribue la Catalogue.

EXPOSITION PUBLIQUE

Le Vendredi 13 Avril 1866, de une heure à cinq heures

PARIS — 1866

CONDITIONS DE LA VENTE

Elle sera faite au comptant.

Les Acquéreurs paieront cinq pour cent en sus du prix d'adjudication.

TABLEAUX

ABEL DE PUJOL

1 — Saint Étienne.

Esquisse d'un tableau de l'église Saint-Étienne-du-Mont.

H. 85 c. L. 65 c.

BOUTERWECK

2 — Le Rendez-vous. Scène italienne.

H. 27 c. L. 35 c.

COGNIET (LÉON)

3 — Saint Leu visitant les malades.

H. 33 c. L. 25 c.

COUTAN

4 — La Visitation.

Esquisse d'un tableau de l'église Notre-Dame-de-Lorette.

H. 31 c. L. 18 c.

COUTAN

5 — **Sainte Élisabeth portée au tombeau.**

Esquisse d'un tableau de l'église Notre-Dame-de-Lorette.

H. 30 c. L. 17 c.

PAUL DELAROCHE

6 — **La Charité**

Composition de cinq figures.

H. 43 c. L. 33 c.

DEVERIA

7 — **Miracle de sainte Claire.**

H. 60 c. L. 36 c.

DEVERIA

8 — **Scène de la vie de sainte Claire.**

H. 74 c. L. 45 c.

DROLLING

9 — **L'Enfant Jésus au milieu des docteurs.**

Esquisse d'un tableau de l'église Notre-Dame-de-Lorette.

H. 25 c. L. 58 c.

DROLLING

10 — Marie-Antoinette à la Conciergerie : la Communion.

H. 22 c. L. 27 c.

DUBOIS

11 — Annonciation.

H. 32 c. L. 19 c.

FORESTIER

12 — Le bon Samaritain.

H. 31 c. L. 26 c.

GOSSE

13 — Allégorie : la Naissance du comte de Paris.

Forme cintrée.—H. 27 c. L. 40 c.

HEIM

14 — Martyre de sainte Juliette.

Forme cintrée.—H. 40 c. L. 36 c.

HEIM

15 — Miracle de saint Hyacinthe.

Forme ogive.—H. 50 c. L. 35 c.

HEIM

16 — Présentation au Temple.

H. 25 c. L. 50 c.

HESSE (AUGUSTE)

17 — Miracle de saint Hippolyte.

H. 32 c. L. 17 c.

HESSE (AUGUSTE)

18 — Martyre de saint Hippolyte.

H. 32 c. L. 19 c.

HESSE (AUGUSTE)

19 — Adoration des Bergers.

H. 32 c. L. 45 c.

INGRES

20 — Martyre de saint Symphorien.

Esquisse différant par la composition du tableau appartenant au Musée d'Autun.

H. 33 c. L. 28 c.

INGRES

21 — La Victoire.

Figure projeté pour le plafond de l'Apothéose de Napoléon.

H. 26 c. L. 26 c.

JADIN

22 — Chasse au sanglier.

H. 27 c. L. 40 c.

JADIN

23 — Chasse au cerf.

H. 27 c. L. 40 c.

JOHANNOT (ALFRED)

24 — Présentation du duc de Guise à Charles IX.

H. 21 c. L. 42 c.

JOUY

25 — La Fille du prisonnier.

H. 20 c. L. 15 c.

LANGLOIS

26 — Mariage de la Vierge.

H. 34 c. L. 46 c.

LEPAULLE

27 — Chasse à courre.

H. 16 c., L. 22 c.

LEULLIER

28 — Nymphe laissant tomber des fleurs.

H. 24 c. L. 15 c.

ORSEL

29 — Départ d'un chevalier.

Forme ronde.—H. 19 c.

PERIN

30 — L'Espérance.

H. 29 c. L. 20 c.

PICOT

31 — Miracle de saint Pierre.

H. 38 c. L. 26 c.

ROGER

32 — Retour des Vendangeurs.
Scène napolitaine.

H. 27 c. L. 35 c.

VAUCHELET

33 — Nymphe endormie guettée par les Amours.

H. 21 c. L. 26 c.

DESSINS

ALAUX

34 — Sainte Élisabeth.

Réduction de la fresque de l'église Sainte-Élisabeth.

Aquarelle.—H. 73 c. L. 25 c.

BEZARD

35 — Les sept Œuvres de miséricorde.

Aquarelle.—H. 40 c. L. 58 c.

PAUL DELAROCHE

36 — Retour du Peuple à l'Hôtel de ville après la prise de la Bastille (14 juillet 1789).

Aquarelle.—H. 29 c. L. 35 c.

HERSENT

37 — Résurrection de la fille de Jaïre.

Dessin rehaussé.—H. 27 c. L. 39 c.

HESSE (ALEXANDRE)

38 — Sainte Geneviève distribuant des aumônes aux pauvres en temps de famine.

H. 50 c. L. 48 c.

HESSE (AUGUSTE)

39 — Projet de décoration pour la nef d'une église.

Aquarelle.—H. 48 c. L. 25 c.

HESSE (AUGUSTE)

40 — Mise au tombeau.

Dessin rehaussé.—H. 55 c. L. 43 c.

INGRES

41 — Raphaël et la Fornarina.

Dessin.—H. 20 c. L. 16 c.

INGRES

42 — Henri IV jouant avec ses enfants au moment où l'ambassadeur d'Espagne est admis en sa présence.

Première pensée du tableau.

Dessin.—H. 18 c. L. 16 c.

JOHANNOT (ALFRED)

43 — Saint Hyacinthe ressuscitant un mort.

Aquarelle.—H. 27 c. L. 17 c.

KLAGMAN

44 — Dessin de l'épée offerte au comte de Paris par la ville.

Aquarelle.—H. 110 c. L. 31 c.

LEHMANN

45 — Chœur d'Anges.

Partie de la décoration de la chapelle du Saint-Esprit, à Saint-Merry.

MARÉCHAL

46 — Tête de jeune homme les cheveux longs.

Pastel. — H. 40 c. L. 32 c.

PHILASTRE et CAMBON

47 — La Prise d'une forteresse.

Projet de décor.

Aquarelle.—H. 30 c. L. 48 c.

PICOT

48 — Allégorie de la ville de Paris.

Grand plafond de l'Hôtel-de-Ville.

Lavis rehaussé.—H. 40 c. L. 75 c.

QUANTIN

49 — Le Titien peignant avec des fleurs.

Dessin rehaussé.—H. 55 c. L. 25 c.

SCHNETZ

50 — Jeune fille italienne.

Aquarelle.—H. 41 c. L. 38 c.

VISCONTI

51 — Projet de décoration pour la salle du Trône (l'Hôtel de ville).

Aquarelle.—H. 23 c. L. 85 c.

52 — Autre Projet pour la même salle.

Aquarelle.—H. 33 c. L. 43 c.

Renou et Maulde, imprimeurs de la Compagnie des Commissaires-Priseurs.
rue de Rivoli, 144.   5114